Le Vieux Moulin

Auteur
   Elisabeth Bataille

Illustrateurs
   Hélène Bataille
   Claire Bataille

Editeur
   Sunshine People Plc
   Apsley House
   Apsley Road
   New Malden
   KT3 3NJ
   Angleterre

Publications Sunshine People:

Le Docteur du Petit-Bois
L'Ecureuil et la Primevère
Lily et la Libellule
Les Deux Rois
Le Vieux Moulin
Le Petit Arbre
Les Bottes du Roi
La Cabane au fond des Bois
Le Château tout Noir
La Lumière Magique

Les livres Sunshine People sont également publiés en anglais:

The Doctor of the Little Forest
Timmy and the Primrose
Lily and the Dragonfly
Two Kings
The Old Mill
The Little Tree
The King's Boots
The Little House in the Middle of the Woods
The Dark Dark Castle
The Magic Light

Sunshine People soutient activement le NSPCC (Association d'aide
à l'enfance maltraitée) ainsi que CHASE (Association d'aide aux
enfants souffrant de maladies incurables).

Publié par
    Sunshine People Plc
    Apsley House
    Apsley Road
    New Malden
    KT3 3NJ
    Angleterre

Imprimé en Angleterre par
    M.F. Barnwell & Son, Aylsham, Norfolk.

ISBN Number 1-903271-33-9

Certificat D'authenticité

Le Vieux Moulin

Cet exemplaire est une édition originale

Numéro: **LVM-P-** 1096

Ce livre appartient à

....

adresse

....

....

....

age...........

Le Vieux Moulin

Le jeune garçon marchait depuis six jours sur la route de pierres, sans chaussures, sans nourriture et sans bagages.

Un vieil horloger lui avait dit qu'au village de Quatrefeuilles il trouverait peut-être du travail et de quoi se loger, alors il s'était mis en route, courageusement, sans savoir très bien où il allait.

Il croyai rêver ! Il était si fatigué mais si heureux Il voulait se mettre en route tout de suite pour voir le vieux moulin !

Jérémy se mit courageusement au travail. Il répara le moulin avec l'aide des gens du village et il put commencer à moudre le grain que les paysans lui apportaient.

Sa
farine
était bonne et
les gens du village
l'aimaient bien. Il
était heureux... Ses bottes
étaient trop grandes mais
semblaient lui aller quand même !

Plusieurs années passèrent.
Jérémy s'était marié avec une jeune
fille du village qui s'appelait
Adeline et ils avaient eu
quatre enfants.

Ils travaillaient
beaucoup
tous les deux
et produisaient
des tonnes de
farine chaque
semaine.

...ottes que
...émy mettait
...les jours
...ta ent
...la ches de
...fa e. Et dès
...essayait
...les nettoyer,
...farine
...ombait
...us !

De plus, Jérémy ne faisait pas payer les paysans pauvres. Il se contentait d'accepter quelques sacs de farine en paiement. Et comme il y avait beaucoup de paysans pauvres, il avait accumulé énormément de farine !

Leur pain était si bon que les gens venaient de loin pour l'acheter et les boulangers de la région finirent par se fâcher !

Jérémy ou ri l pur e i n er
douze hommes très en colère.

Le**s** dou**z**e homme**s** **s'é** aien**t** **mi**s **en** éner**vés**,
et furent stupéfaits quand, Jérémy,
très calmement, leur
offrit de s'asseoir.

Vous n'avez pas assez de travail ? Moi j'en ai
trop et ma femme aussi ! Si les paysans viennent
m'apporter leur grain, c'est parce qu'ils aiment
ma farine. Si je vous explique comment la faire,
votre farine sera aussi bonne que la mienne...

c' est à partir de ce jour que
... ny et Adeline
... pour tâche
'apprendre
ux meuniers
faire
eu farine
aux
oula gers
faire
eu
ain .

Ils étaient devenus très connus dans tout le pays
e out le monde les admirait et les respectait.

Ils continuaient également à faire la farine et le pain chez eux, pour les gens de leur village. Mais ce qu'ils aimaient par-dessus tout, c'était regarder leurs enfants jouer dans la farine : les petits essayaient à tour de rôle de nettoyer les bottes de leur père...

...mais ils n'y arrivaient jamais !

C'était devenu un jeu : le premier qui arriverait
à nettoyer les bottes serait le vainqueur ! Mais
jusqu'à présent, personne n'avait encore gagné...

Jérémy et Adeline avaient renoncé depuis
longtemps à les nettoyer : ils savaient que la
farine retombait aussitôt sur les bottes !
Cependant Jérémy les mettait tous les jours...

...Comme si cette farine lui portait bonheur...

"

SUNSHINE PEOPLE

Un sourire sur ton visage
un rêve dans ta tête
le soleil dans ton coeur...

...Maintenant rends-nous visite sur notre
site internet

www.sunshine-people.com